BEI GRIN MACHT SICH IHR WISSEN BEZAHLT

- Wir veröffentlichen Ihre Hausarbeit,
  Bachelor- und Masterarbeit

- Ihr eigenes eBook und Buch -
  weltweit in allen wichtigen Shops

- Verdienen Sie an jedem Verkauf

Jetzt bei www.GRIN.com hochladen und kostenlos publizieren

Mario Bianchetti

Virales Marketing. Was Red Bull von anderen Energy-Drink-Herstellern abhebt

GRIN Verlag

Bibliografische Information der Deutschen Nationalbibliothek:

Die Deutsche Bibliothek verzeichnet diese Publikation in der Deutschen National-
bibliografie; detaillierte bibliografische Daten sind im Internet über http://dnb.d-
nb.de/ abrufbar.

Impressum:

Copyright © 2014 GRIN Verlag GmbH
Druck und Bindung: Books on Demand GmbH, Norderstedt Germany
ISBN: 978-3-656-88392-0

GRIN - Your knowledge has value

Der GRIN Verlag publiziert seit 1998 wissenschaftliche Arbeiten von Studenten, Hochschullehrern und anderen Akademikern als eBook und gedrucktes Buch. Die Verlagswebsite www.grin.com ist die ideale Plattform zur Veröffentlichung von Hausarbeiten, Abschlussarbeiten, wissenschaftlichen Aufsätzen, Dissertationen und Fachbüchern.

Besuchen Sie uns im Internet:

http://www.grin.com/

http://www.facebook.com/grincom

http://www.twitter.com/grin_com

Virales Marketing -
Was Red Bull von anderen Energy-Drink-Herstellern abhebt

Verfasser: Bianchetti Mario
Ort: Gymnasium Immensee
Abgabe: Montag, den 14. April 2014

Inhaltsverzeichnis

1 Einleitung

1.1 Vorwort

Den Energy Drink Red Bull gibt es bereits seit 27 Jahren. Für viele wurde das Getränk zum selbstverständlichen Bestandteil des Alltags. Zahlreiche junge Leute im Alter zwischen 10 und 30 Jahren begleitet das Getränk von morgens bis abends als Genussmittel oder Wachhalter.

Jährlich werden über fünf Milliarden Dosen Red Bull verkauft. Sie werden in verschiedenen Situationen konsumiert, beispielsweise in der Schule, bei der Arbeit, beim Sport, im Ausgang oder auch Zuhause.

Red Bull ist kein Softdrink wie jeder andere. Durch den Inhaltsstoff Koffein hat er eine aufputschende Wirkung. Die eingenommene Menge an Koffein ist bei einem Red Bull um einiges höher als bei einer Tasse Kaffee oder einem Glas Coca-Cola.

Mir fiel in der Vergangenheit häufig auf, dass viele junge Leute mit einem Red Bull unterwegs waren. Daher stellte ich mir die Frage: „Warum ist Red Bull viel erfolgreicher als die anderen Energy-Drink-Hersteller, und wie kann eine Firma mit nur einem Softdrink zu so einem grossen Konzern anwachsen?"

Auf den folgenden Seiten versuche ich, dieser Frage nachzugehen. Um die Marketingstrategien von Red Bull zu verstehen, braucht man Grundkenntnisse in der Theorie von viralem Marketing. Erst dadurch kann man erkennen, wieso Red Bull so erfolgreich wurde, auch wenn das Getränk selber sich nicht durch einen speziell guten Geschmack auszeichnet und, wie in meiner Degustation festgestellt, viele Leute bei einer Blinddegustation andere Produkte bevorzugen.

1.2 Vorgehensweise

Mir war von Anfang an klar, dass meine Maturaarbeit in Richtung Wirtschaft ausgelegt sein würde, da mich dieses Gebiet sehr interessiert. Ich suchte nach einer Firma, welche sich durch ausgezeichnetes Marketing hervorhob. Nach einigen Diskussionen mit meiner Familie wurde mir klar, dass beispielsweise Apple nicht die richtige Wahl war, da ihre Marketingstrategie in der Zwischenzeit allgemein bekannt ist und schon sehr viel Literatur darüber besteht. Also wollte ich etwas Neues finden, was vor allem junge Leute im Alltag begleitet und ihre Kommunikationsmittel geschickt ausnutzt. Nach Gesprächen mit Familie, Freunden und der Betreuungsperson war ich in der Lage, meine definitive Fragestellung festzulegen, nämlich herauszufinden, wieso ausgerechnet Red Bull einen so grossen Erfolg im Energy-Drink-Markt hat. Was war der Auslöser, dass sich Red Bull gegen andere Energy-Drink-Hersteller durchsetzen konnte? Wieso ist Red Bull der meistkonsumierte Energy Drink der Welt?

Durch meine Umfrage und meine Degustation stellte ich fest, dass nicht der Geschmack oder der Preis der Grund dafür sind, sondern alleine die Vermarktung der Marke Red Bull.

Als Hauptquellen für meine Recherchen dienten mir Fachliteratur und Internet. Bei der Fachliteratur stützte ich mich vor allem auf das Werk von Michaela Klinger (Virales Marketing - Die Macht der sozialen Netzwerke) und das von Philip Haller (Macht der Marke - Virales Marketing verleiht Red Bull Flügel).

Meine Arbeit ist so aufgebaut, dass zuerst die allgemeine Theorie erklärt wird und danach dargelegt wird, wie Red Bull diese Strategien anwendet. Die einzelnen Quellen wurden analysiert, verarbeitet und schliesslich den einzelnen Kapiteln zugeordnet.

2 Hauptteil

2.1 Firmenportraits, Produkte, Definitionen und Erklärungen

2.1.1 Firmenportraits

Red Bull[1]

Die Idee für Red Bull kam Firmengründer Dietrich Mateschitz auf einer seiner zahlreichen Geschäftsreisen. Als Marketing-Manager für Procter & Gambles Zahnpflegeprodukte der Marke Blendax bereiste er Asien. Dort wurden Energy Drinks schon in den frühen 50er Jahren gegen Müdigkeit konsumiert.

Der dort bekannteste Energy Drink zu dieser Zeit war „Krating Daeng". Mateschitz erkannte das Potential des Getränks und erwarb kurz darauf dessen Lizenzrechte vom thailändischen Getränkehersteller TC Pharmaceuticals für die Vermarktung in Europa.

1984 wurde die Firma Red Bull offiziell von Mateschitz gegründet. Nach einer Analyse des Energy Drinks im Labor wurde dieses für den europäischen Markt als untauglich erklärt. Nach einer Anpassung der Rezeptur an den europäischen Markt und der Entwicklung eines Marketingkonzepts wurde Red Bull 1987 offiziell in Österreich eingeführt. Das Produkt hatte sofort Erfolg und schon 1992 wurde der Markt auch ins Ausland expandiert.

Mittlerweile hält Red Bull weltweit einen Marktanteil von zirka 70% bei Energy Drinks (Stand 2012) und ist somit weltweit eines der erfolgreichsten Markenprodukte der letzten Jahrzehnte.[2]

Bis heute ist Red Bull in mehr als 165 Ländern der Welt verfügbar und es wurden bis jetzt mehr als 35 Milliarden Dosen des Getränks konsumiert.[3] Allein im Jahr 2012 wurden insgesamt 5,2 Milliarden Dosen weltweit verkauft (Abb. 2).

---

[1] http://www.schreiben10.com/referate/noi/Marketing/marketing-arbeit-ber612819819.php (Stand 18.1.2014, 13:31)
[2] http://www.zeit.de/2012/36/Wolfgang-Fuerweger-Red-Bull-Story (Stand 18.1.2014, 13:31)
[3] http://energydrink-de.redbull.com/unternehmen (Stand 18.1.2014, 13:34)

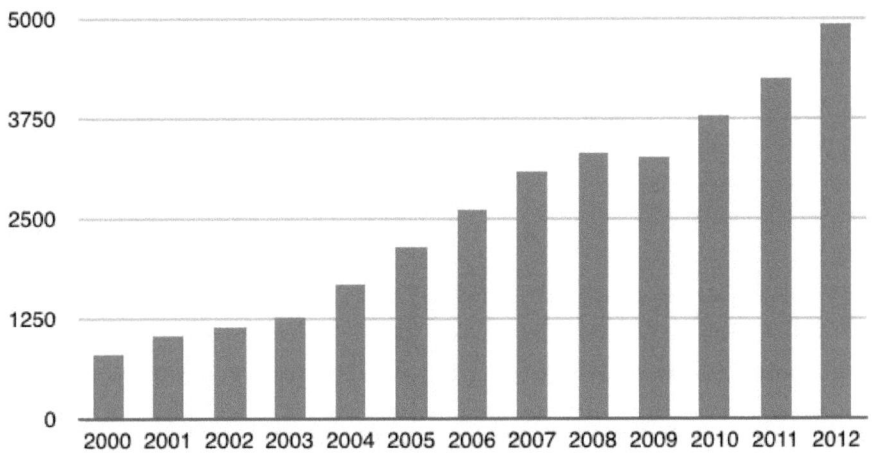

Abb. 1: Umsatz von Red Bull weltweit in den Jahren 2000 bis 2012 (in Millionen Euro)[4]

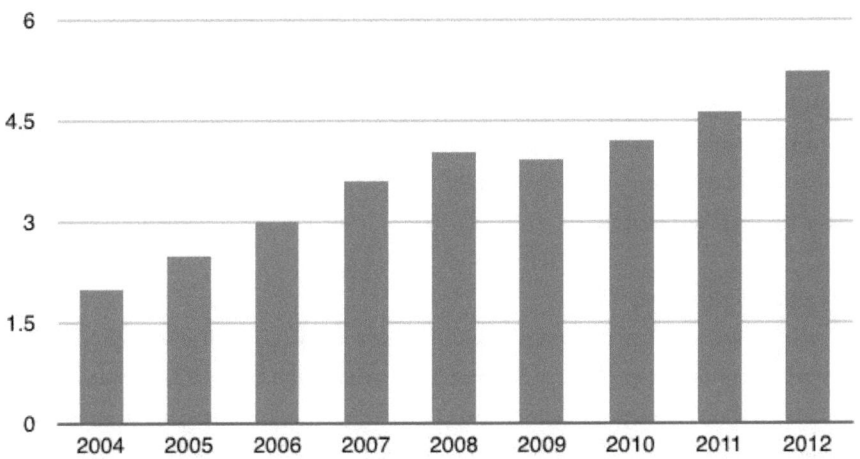

Abb. 2: Anzahl der verkauften Dosen von Red Bull weltweit in den Jahren 2004 bis 2012 (in Milliarden Stück)5

---

[4] http://de.statista.com/statistik/daten/studie/257243/umfrage/umsatz-von-red-bull/ (Stand 02.04.2014, 14:23)

[5] http://de.statista.com/statistik/daten/studie/257250/umfrage/anzahl-verkaufter-dosen-von-red-bull/ (Stand 02.04.2014, 14:25)

Trojka[6]

Der Trojka Energy Drink ist ein Schweizer Produkt der Firma DIWISA Distillerie in Willisau. Es handelt sich um ein 1918 gegründetes Familienunternehmen, welches nicht nur Energy Drinks herstellt, sondern auch zu einer der modernsten Distillerien Europas zählt. Seit dem Jahr 2005 stellt DIWISA auch Softdrinks her und hat damit grossen Erfolg.

Montag[7]

Montag ist ein von der Firma Intelligentfood AG mit Sitz in Luzern entwickelter Energy Drink, welcher 2011 erstmals auf dem Markt erhältlich war. Das Ziel der Intelligentfood AG ist es, hundert Prozent natürliche Produkte im Getränkebereich zu verwenden. Montag Energy Drinks werden an verschiedenen Orten verkauft.

oK.- [8]

oK.- wird von der Firma Valora produziert. Valora wurde 1905 in Olten gegründet. Mittlerweile ist Valora auch im Ausland vertreten. Die bekanntesten Marken von Valora sind k kiosk und Selecta. oK.- wird nur am Kiosk verkauft.

M-Budget Energy Drink[9]

Die Migros wurde 1925 in Zürich gegründet und war ursprünglich ein fahrendes Lebensmittelgeschäft. Erst 1926 wurde der erste Laden eröffnet. Bis heute ist der Konzern so stark gewachsen, dass er zu den grössten Lebensmittelkonzernen der Schweiz gehört. Der M-Budget Energy Drink wird nur in Migros Filialen angeboten.

Prix Garantie Energy Drink[10]

Prix Garantie ist eine von Coop gegründete Marke. Der Konzern wurde 1890 unter dem Namen VSK gegründet und erst 1969 in Coop umbenannt. Coop gehört zusammen mit Migros zu den zwei grössten Lebensmittelvertrieben der Schweiz. Prix Garantie Energy Drinks sind nur in Coop Filialen erhältlich.

---

[6] http://diwisa.ch/company/geschichte.html (Stand 19.1.14, 14:38)
[7] http://www.intelligentfood.com/uber-uns/ (Stand 19.1.14, 14:40)
[8] http://www.valora.com/de/valoragroup/companyhistory/index.php (Stand 19.1.14, 14:41)
[9] http://www.migros.ch/de/ueber-die-migros/geschichte/geschichte-slider.html (Stand 19.1.14, 14:44)
[10] http://de.wikipedia.org/wiki/Coop_(Schweiz) (Stand 19.1.14, 14:50)

2.1.2 Definition von Energy Drink

Ein Energy Drink ist ein anregendes Süssgetränk mit Inhaltsstoffen, wie Koffein, Taurin und Zucker.

2.1.3 Produktebeschreibung Red Bull[11]

Eine Dose Red Bull enthält etwa 80mg Koffein, Taurin, Vitamin-B-Komplex, zirka 11g Saccharose & Glukose pro 250ml und alpines Wasser.

2.1.4 Inhaltsstoffe Red Bull

Koffein[12]

Koffein kommt in Kaffeebohnen, Teeblättern und Kakaobohnen natürlich vor. Zirka 20 Minuten nach der Einnahme eines koffeinhaltigen Getränks sind etwa 20% resorbiert. Die Zeit, bis der Körper das resorbierte Koffein wieder abbaut, ist von Mensch zu Mensch sehr verschieden. Je nach Person kann die Halbwertszeit zwischen 2 und 12 Stunden liegen. Koffein bewirkt eine Erweiterung der Blutgefässe und regt das Atem- und Kreislaufzentrum an. Damit erhöht es die Atem- und Herzfrequenz. Eine Tasse Kaffee enthält ca. 20mg Koffein.

Taurin[13]

Taurin ist im menschlichen Körper natürlich vorhanden. Es dient der Erleichterung der Fettverdauung, der Bildung von Synapsen und der Übertragung von elektrischen Impulsen während des Wachstums des Gehirns sowie als Beschleuniger des Magnesiumtransportes. Synthetisch hergestelltes Taurin dient auch als Geschmacksverstärker.

Vitamin B3[14]

Vitamin B3 sorgt für gesunde Haut und Schleimhäute sowie für die Gewinnung von Energie aus der Verbrennung von Fett und Zucker. Zudem unterstützt es die Herstellung der DNA. Vitamin B3 kommt hauptsächlich in pflanzlichen und tierischen Lebensmitteln vor.

---

[11] http://energydrink-de.redbull.com/red-bull-inhaltsstoffe (Stand 19.1.14, 15:02)
[12] http://www.energydrinks.cc/content.php?lg=de&site=8&stoff=1 (Stand 19.1.14, 16:09)
[13] http://www.energydrinks.cc/content.php?lg=de&site=8&stoff=8 (Stand 19.1.14, 16:17)
[14] http://vitamine.com/vitamin-b3.php (Stand 19.1.14, 16:36)

Vitamin B5[15]

Vitamin B5 fördert den Stoffwechsel und ist am Auf- und Abbau von Fetten, Kohlenhydraten und Aminosäuren beteiligt. Ausserdem unterstützt es den Abbau von Giftstoffen in der Leber. Dieses Vitamin kommt vor allem in pflanzlichen und tierischen Lebensmitteln vor.

Vitamin B6[16]

Vitamin B6 hilft bei der Verdauung von Kohlenhydraten und Fetten, bei der Verarbeitung von Eiweissen, zur Vorbeugung von Gallen- und Nierensteinen und hilft bei Akne. Ein Mangel an Vitamin B6 kann zu Depressionen führen. Vitamin B6 kommt in Vollkornprodukten vor.

Vitamin B12[17]

Vitamin B12 ist eines der wichtigsten Vitamine überhaupt. Es hält die Nervenzellen instand, hilft beim Knochenaufbau und macht, dass diese nicht spröde werden, unterstützt die Zellerneuerung und übernimmt eine wichtige Rolle bei der Blutbildung. Dieses Vitamin kommt praktisch nur in tierischen Lebensmitteln vor. Ein Mangel an Vitamin B12 kann schwerwiegende Folgen haben (Gedächtnisstörungen, Demenz, Halluzinationen, Störung der Blutbildung, Störung der DNA-Bildung, Störung der Tast-, Schmerz- und Vibrationssinne).

Saccharose[18]

Unter Saccharose verstehen die meisten Kristallzucker. Sie ist ein Zweifachzucker, bestehend aus Glukose und Fruktose. Gewonnen wird sie von Zuckerrohr, Zuckerrüben und Zuckerpalmen. Im Energy Drink wird sie als Süssungsmittel gebraucht.

Glukose[19]

Glukose ist ein Einfachzucker und gehört somit wie die Saccharose zu den Kohlenhydraten. Die meisten kennen Glukose als Traubenzucker. Glukose wird auch als Süssungsmittel für Energy Drinks benutzt.

---

[15] http://vitamine.com/vitamin-b5.php (Stand 19.1.14, 16:46)
[16] http://vitamine.com/vitamin-b6.php (Stand 19.1.14, 16:55)
[17] http://vitamine.com/vitamin-b12.php (Stand 19.1.14, 17:48)
[18] http://de.wikipedia.org/wiki/Saccharose (Stand 13.11.13, 09:18)
[19] http://de.wikipedia.org/wiki/Glukose (Stand 29.11.13, 03:01)

2.2 Grundlagen des viralen Marketings

2.2.1 Die Entstehung[20]

Der Begriff „Viral Marketing" tauchte im Dezember 1996 erstmals in einem Artikel im Wirtschaftsmagazin *Fast Company* auf. Verfasst wurde der Artikel vom Harvard Business School Professor Jeffrey Rayport. Virales Marketing beinhaltet alle Methoden und Vorgehensweisen, um Menschen anzuregen, Produkte und Dienstleistungen an andere Personen weiterzuempfehlen. Virales Marketing wird so genannt, weil es sich wie ein Virus verhält. Wenn eine Person davon infiziert wird, breitet sich das Virus exponentiell aus. Das beste Werkzeug für virales Marketing ist das Internet. Mit Hilfe des Internets können sich Botschaften in sehr kurzer Zeit an ausserordentlich viele Empfänger verbreiten. Diese Art des Marketings macht sich den menschlichen Trieb zunutze, mit anderen Menschen kommunizieren zu wollen. Unternehmen unterstützen diese Triebe mit Hinweisen, wie „Empfehlen sie uns weiter" oder „Weiterleiten".

Virales Marketing zu kontrollieren ist fast unmöglich, da die Unternehmen nur einen Startimpuls setzen können. Sobald der erste Kontakt zwischen den Kunden und dem Unternehmen besteht, kann die Firma nicht mehr steuern, wie sich die Werbung weiterentwickelt, da die Kunden selber entscheiden, was sie von der Werbung halten und somit auch, ob sie Bekannten und Freunden davon berichten wollen oder nicht. Das Prinzip funktioniert am besten, wenn ein viraler Effekt so gezielt eingesetzt werden kann, dass er unbemerkt Einfluss auf die Mundpropaganda der Menschen nehmen kann. Das richtige Mass zu finden, ist jedoch sehr schwierig. Wird zu viel gewagt und die Kunden durchschauen den Beeinflussungsversuch, fühlen sie sich benutzt und verlieren so ihr Vertrauen in die Firma. Im schlimmsten Fall teilen diese Kunden ihre Gefühle mit ihren Freunden und Bekannten, was zum Gegenteil der ursprünglichen Absicht des Unternehmens führen könnte. Wird zu wenig gewagt, kann es sein, dass das Virus nicht richtig bei den Kunden ankommt und frühzeitig verschwindet.

2.2.2 Voraussetzungen von erfolgreichem viralem Marketing[21]

Nach Rayport liegt die grösste Schwierigkeit des viralen Marketings darin, die Botschaft so in den Köpfen der Konsumenten einzupflanzen, dass diese ihren eigenen Interessen entspricht und sie diese somit ihren Mitmenschen mitteilen möchten. Ein Virus geht jedoch nicht so simpel wie andere Werbung vor. Im Gegensatz zur normalen Werbung, welche bei den meisten ungelesen im Papierkorb landet, setzt ein Virus auf Tarnung. Ein solches Virus kann in einem kleinen lustigen Spiel im Internet oder auch in einer Botschaft einer E-Mail versteckt sein.

---

[20] Klinger 2012, S.13
[21] Klinger 2012, S.16ff

Ein gutes Beispiel dafür liefert Apple, indem bei Mails, welche von einem iPhone gesendet werden, der Satz „Von meinem iPhone gesendet" angehängt wird. So kommt die Botschaft von einem Freund oder Bekannten, anstatt direkt von einem Unternehmen. Unbewusst werden so die meisten Apple-Benutzer Werbebotschafter dieses Konzerns.

Nach einer weiteren Regel von Rayport sollte sich das Virus wie ein biologisches verhalten. Ein solches biologisches Virus kann, über Jahre ruhend, im Wirt verharren, bis die Krankheit ausbricht. Angewandt auf das Virus, sollte ein Unternehmen eine Dienstleistung so lange gratis anbieten, bis sich seine Kunden daran gewöhnt haben. Danach kann das Unternehmen beginnen, langsam eine Nutzungsgebühr einzuführen, welche mit grosser Wahrscheinlichkeit vom Nutzer toleriert wird. Diese Zeitspanne, bis sich der Kunde an das Produkt oder die Dienstleistung gewöhnt, nennt Rayport „Inkubationszeit".

Soziologen erkannten längst, dass zur Verbreitung von Viren und Seuchen Menschen mit vielen losen sozialen Kontakten viel besser geeignet sind als solche mit wenigen und festen sozialen Kontakten. Diese Erkenntnis unterstützt Rayport mit einer weiteren Regel, „Exploit the strength of weak ties".[22]

In seiner letzten Regel weist Rayport darauf hin, dass ein Virus keine Epidemie ist, solange dieses nicht den sogenannten „Tipping Point" erreicht (siehe Kapitel 2.2.4 Tipping Point).

2.2.3 Passives und aktives virales Marketing

Passives virales Marketing[23]

Beim passiven viralen Marketing verbreitet sich eine Botschaft durch die Nutzung eines Produktes oder einer Dienstleistung. Es beansprucht fast keinen Aufwand von Seiten der Nutzer. Konsumenten sind sich jedoch ihrer Verkäuferrolle normalerweise nicht bewusst. Ein gutes Beispiel ist die Nachricht am Ende eines Mails, welches man von einem iPhone verschickt. Am Ende steht nämlich: „von meinem iPhone gesendet".

Aktives virales Marketing[24]

Beim aktiven viralen Marketing wird der Kunde direkt vom Unternehmen dazu angeregt, ihr Produkt oder ihre Dienstleistung an Freunde und Bekannte in seinem sozialen Umfeld weiterzuempfehlen. Da die Botschaft von einem Freund oder Bekannten kommt, zu dem ein gewisses Vertrauen besteht, neigt der Empfänger eher dazu, dieser Botschaft nachzugehen. Um die Kunden zu animieren, das Produkt oder die Dienstleistung weiterzuempfehlen, muss das Unternehmen kleine Anreize

---

[22] Rayport 1996, S.68.
[23] Espenhahn 2010, S.18.f
[24] Espenhahn 2010, S.18.f

bieten. Diese bestehen zumeist aus Rabatten oder kleinen Werbegeschenken respektive einem für die Kunden resultierenden hohen Nutzwert.

2.2.4 Der Tipping Point[25]

„Der Tipping Point ist der Moment der kritischen Masse, bei dem aus einem Virus eine Epidemie wird, der Hitzegrad, bei dem Wasser zu kochen beginnt."[26] Mit diesen Worten beschreibt Gladwell den Tipping Point. Der Tipping Point ist erst dann erreicht, wenn so viele Leute eine Dienstleistung oder ein Produkt benutzen, dass es für andere Sinn macht, dieses auch zu benutzen. Gladwell nennt drei Varianten, um aus einem Virus eine Epidemie zu machen: den „Verankerungsfaktor", die „Macht der Umstände" und das „Gesetz der Wenigen".[27]

2.2.4.1 Der Verankerungsfaktor[28]

Um eine Epidemie auszulösen, braucht die Botschaft einen Inhalt, welcher sich tief im Kopf der Konsumenten verankert. Damit sich eine Botschaft verankert, muss sie „wahrgenommen, aufgenommen, erinnert und weitergegeben werden."[29] Nur Botschaften, die dies erreichen, können auch den Tipping Point erreichen.

2.2.4.2 Die Macht der Umstände[30]

Ein weiterer Punkt von Gladwells Theorie ist die sogenannte „Macht der Umstände". Darunter versteht man, dass sich Menschen unter gewissen Umständen ganz anders verhalten, als sie es normalerweise tun würden. Ein gutes Beispiel dafür ist der Zeitdruck. Wenn eine Person unter Zeitdruck steht, blendet sie Einstellungen, welche für sie im Moment durch den Zeitdruck unbedeutend sind, aus. Beispielsweise sind Menschen weniger bereit, Mitmenschen in Not behilflich zu sein, wenn sie unter Zeitdruck stehen. Wie man sieht, können solche Faktoren erhebliche Auswirkungen auf das menschliche Verhalten haben. Diese Auswirkungen können dazu beitragen, ein Virus in eine Epidemie zu verwandeln, aber auch, eine Epidemie zu stoppen.

---

[25] Klinger 2012, S.23
[26] Gladwell 2002, S.18
[27] Gladwell 2002, S.29
[28] Klinger 2012, S.23
[29] Zorbach 2001, S.17
[30] Klinger 2012, S.25

2.2.4.3 Das Gesetz der Wenigen[31]

„Das Gesetz der Wenigen" beruht darauf, dass es Menschen gibt, die über spezielle soziale und gesellschaftliche Fähigkeiten verfügen. Diese Menschen sind für die Verbreitung von gesellschaftlichen Epidemien viel besser geeignet als Menschen ohne solche Fähigkeiten. Gladwell unterteilt diese wiederum in drei Gruppen: die „Vermittler", die „Kenner" und die „Verkäufer".

Vermittler[32]

Gladwell beschreibt Vermittler als Personen mit einer Gabe, viele soziale Kontakte knüpfen zu können. Es sind Menschen, welche oft und gerne Gespräche mit Unbekannten beginnen und gerne öffentliche Veranstaltungen besuchen, um neue Leute kennenzulernen. Diese sind, dank vieler Kontakte, sehr gut zur Überbringung von Botschaften geeignet, da sie sehr offen für Gespräche sind und einen grossen Bekanntenkreis haben, auch wenn dieser grösstenteils aus losen Beziehungen besteht.

Kenner[33]

So wie die Vermittler Spezialisten für soziale Kontakte sind, sind die Kenner Spezialisten für Informationen. Sie informieren sich über viele Dinge und sind immer bereit, anderen Leuten ihren Rat anzubieten. Jedoch stehen diese nicht als lästige Alleswisser da, sondern eher als hilfsbereite Mitmenschen. Diese Hilfsbereitschaft kommt spontan. Es scheint, als würde ein Kenner, wenn er die Probleme anderer Personen löst, seine eigenen emotionalen Bedürfnisse befriedigen. Zur Überbringung von Botschaften wären Kenner bestens geeignet, wenn sie mehr Kontakte knüpfen könnten. Während zum Beispiel ein Vermittler 10 Personen ein Produkt empfiehlt und 5 davon es kaufen würden, kann ein Kenner 5 Personen dasselbe Produkt empfehlen und alle 5 würden es kaufen, weil er es empfohlen hat. Eine Kombination aus Vermittler und Kenner wäre somit perfekt zur Überbringung von Botschaften.

Verkäufer[34]

Verkäufer besitzen die Fähigkeit, Leute zu überreden, ein Produkt zu kaufen, auch wenn diese noch nie von dem Produkt gehört haben oder sie nicht von diesem Produkt überzeugt sind. Doch was diese Leute so überzeugend macht, ist nicht das, was sie sagen, sondern die Art, wie sie es sagen. Ein überzeugter, lächelnder Verkäufer hat sicherlich mehr Überzeugungskraft als ein Verkäufer, der gelangweilt ist und einen bösen Blick aufsetzt. Solche Emotionen sind übertragbar. Meist bemerken die Überzeugten jedoch gar nicht, dass sie sich nur wegen der Ausstrahlung des Verkäufers für ein

---

[31] Klinger 2012, S.61f
[32] Klinger 2012, S.63ff
[33] Klinger 2012, S.65ff
[34] Klinger 2012, S.69ff

Produkt entschieden haben.

2.3 Soziale Netzwerke

2.3.1 Die Wichtigkeit der sozialen Netzwerke[35]

Die Unternehmen haben gelernt, die sozialen Netzwerke zu beachten. Heutzutage verkaufen Firmen nicht mehr an einzelne Kunden, sondern an Netzwerke von Kunden, welche miteinander verbunden sind. Damit besteht das Risiko, dass sich die Kunden untereinander über das Produkt oder die Dienstleistung austauschen und davon berichten. Das kann Gutes aber auch Schlechtes sein. Falls die Dienstleistung oder das Produkt bei den Leuten nicht gut ankommt, verbreitet sich sehr schnell ein schlechter Ruf. Im umgekehrten Fall können die sozialen Netzwerke als gratis Werbung gebraucht werden, indem die Kunden Produkte und Dienstleistungen an andere Kunden weiterempfehlen. Der Grund dafür, dass Kunden anderen Kunden eher trauen als den Unternehmen, ist, dass viele Unternehmen in der Werbung Sachen versprechen, die sie oder ihr Produkt dann nicht einhalten. Daher verlieren die meisten Kunden ihr Vertrauen in die Unternehmen und greifen auf die Meinung anderer Kunden auf sozialen Netzwerken zurück. Ein anderer Grund dafür ist die Masse an Werbung, die wir Tag für Tag erhalten und aufnehmen. Aus so viel Werbung eine nützliche herauszusuchen, ist sehr schwierig. Daher vertrauen wir auf den Rat von Freunden und Bekannten. Doch der Hauptgrund für die gestiegene Bedeutung der sozialen Netzwerke ist das Internet. Schon früher hat man sich über Produkte und Dienstleistungen untereinander ausgetauscht. Heute jedoch ist das viel einfacher geworden. Um sich über etwas zu informieren, genügt es, sich an den Computer zu setzen. Innerhalb von sehr kurzer Zeit kann man sich so mit Millionen von Kunden austauschen. Der Aufwand ist damit sehr viel kleiner als früher.

2.3.2 Bedeutung für das Marketing[36]

Für das Marketing können die sozialen Netzwerke gut, aber auch schlecht sein. Breitet sich eine negative Meinung über ein Produkt aus, wird dieses Produkt kaum verkauft. Jedoch kann es auch genau das Gegenteil bewirken. Ein Produkt, das gut ankommt, kann durch die guten Bewertungen und die vielen Weiterempfehlungen sehr bekannt werden. Studien haben aber ergeben, dass Kunden eher anderen Kunden mitteilen, dass ihre Erfahrung mit dem Produkt schlecht war. Bei einer guten Erfahrung wird dies weniger oft mitgeteilt.

---

[35] Klinger 2012, S.55ff
[36] Klinger 2012, S.58f

2.3.3 Network-Hubs[37]

Emanuel Rosen beschreibt den „Network-Hub" als eine Person, die (direkt oder indirekt) hinsichtlich einer bestimmten Produktkategorie mit mehr Personen kommuniziert als der Durchschnitt der Bevölkerung.[38] Solche Network-Hubs sind nicht leicht zu finden. Es lohnt sich aber, sie aufzuspüren, denn diese sind am Gelingen oder am Scheitern einer Mund-zu-Mund-Epidemie beteiligt. Sie verbreiten Nachrichten nicht nur, sie können diese auch verändern oder ganz blockieren. Emanuel Rosen unterscheidet vier Arten von Network-Hubs.

Reguläre Hubs[39]

Dies sind „normale" Menschen, die nur mit wenigen Menschen verbunden sein können. Diese können keinen riesigen Einfluss auf die Ausbreitung der Botschaft bewirken.

Mega-Hubs[40]

Mega-Hubs basieren auf regulären Hubs. Jedoch besitzen Mega-Hubs im Gegenteil zu regulären Hubs, abgesehen von den wenigen nahen Kontakten, jede Menge schwache Verbindungen mit tausenden Verbundenen. Meist sind Mega-Hubs Stars, Journalisten oder Politiker.

Experten-Hubs[41]

Experten-Hubs sind Menschen, die sich besonders gut in einem Fachbereich auskennen. Jedoch ist es unmöglich, dass sich Expertenwissen über alle Fächer in einer einzigen Person vereinigt. Somit gibt es für die verschiedenen Fächer andere Ansprechpartner.

Gesellschafts-Hubs[42]

Diese Art von Hubs sind Menschen, die gesellschaftlich sehr aktiv sind. Sie stehen meist im Mittelpunkt einer Gruppe. Allein durch ihre Ausstrahlung sind sie fähig, schnell viele Freundschaften zu schliessen.

---

[37] Klinger 2012, S.75ff
[38] Rosen 2000, S.267
[39] Klinger 2012, S.76
[40] Klinger 2012, S.76
[41] Klinger 2012, S.77
[42] Klinger 2012, S.77

2.4 Sponsoring[43]

„Sponsoring ist ein Geschäftsmodell, das auf Leistung und Gegenleistung beruht. Der Sponsor fördert den Gesponserten (Person, Gruppe und/oder Organisation) mit Geld, Sachmitteln und Dienstleistungen im sportlichen, medialen, kulturellen und/oder öffentlich-sozialen Umfeld, um seine internen und externen unternehmensstrategischen Ziele zu erreichen. Hierzu können neben Kommunikationszielen wie Bekanntheit, Image auch Marketing-Vertriebsziele und die Steigerung von Umsatz, Absatz und Gewinn zählen."[44]

Es werden vier verschiedene Arten von Sponsoring unterschieden: Sport-Sponsoring, Medien-Sponsoring, Kultur-Sponsoring und Public Sponsoring.

Das Sponsoring unterscheidet sich stark von der klassischen Werbung. Obwohl beide Strategien dasselbe Ziel verfolgen, machen beide Arten dies auf verschiedene Weisen. Die klassische Werbung hat direkten Einfluss auf den Verbraucher, während sich Sponsoring indirekt auf den Verbraucher auswirkt. Beim Sponsoring werden gezielt Events gefördert, welchen der Zielgruppe der Firma entsprechen. Das Sponsoring ist der perfekte Weg, mit den Konsumenten in Kontakt zu kommen und ihre Aufmerksamkeit zu erregen.

Um zu Erfolg zu kommen, muss ein Konzern drei Phasen des Sponsorings meistern. Das Ziel der ersten Phase ist die Steigerung der Bekanntheit. In der zweiten Phase erschafft man sich ein Image. Das kann durch spezifisches Sponsern von gewissen Events erreicht werden. In der dritten Phase geht es um die wiederkehrende Erinnerung des Produkts beim Konsumenten. Der Vorteil des Sponsorings gegenüber den klassischen Werbeformen ist, dass die Streuverluste sehr gering sind, da die Firma Events sponsert, die die Leute, die diese Events besuchen, interessieren.

2.5 Marketingstrategie von Red Bull[45]

Die Marketingstrategie von Red Bull setzt sich aus viralem Marketing und Sponsoring zusammen. Genial daran ist die Verknüpfung dieser zwei Marketingstrategien.

Sponsoring

Wie bereits in Kapitel 2.4 erwähnt, setzt sich das Sponsoring aus vier verschiedenen Arten von Sponsoring zusammen. Bei Red Bull ist das Sport-Sponsoring mit Abstand die wichtigste Form des Sponsorings. Red Bull wurde durch die vielen Sport-Events sehr bekannt. Viele Junge wurden von diesen Sport-Events angelockt. Damit verschaffte sich Red Bull Bekanntheit. Vor allem durch das Sponsern von Extremsportarten verschaffte sich Red Bull das Image eines Konzerns, welcher vor

---

[43] Haller 2010, S.10.ff
[44] Braun 2006, S.5
[45] Haller 2010, S.9ff

allem junge Extremsportler unterstützt. Diese sind Red Bull verbunden und werden somit zu Werbebotschaftern für den Konzern.

Durch den bekannten Spruch „Red Bull verleiht Flügel" setzte sich das Produkt in den Köpfen der Konsumenten fest. Somit erreichte Red Bull alle drei Phasen des erfolgreichen Sponsorings.

Red Bull setzte sich als nächstes Ziel, nicht nur mehr einen kleinen Teil der Bevölkerung anzusprechen, sondern sich der breiten Masse zuzuwenden. Dies erreichten sie durch das Sponsern von Mainstreamsportarten und darauf abgestimmte Events.

Um an möglichst viele Leute heranzukommen, benutzt Red Bull neu die Formel 1 und den Fussball. Durch den grossen Erfolg von Sebastian Vettel in der Formel 1 möchte Red Bull das Image des Siegers auf sich übertragen und es sich zunutze machen.

Im Bereich Fussball wird immer mehr in verschiedene Fussballmannschaften aus verschiedenen Ländern, wie Österreich, Deutschland, Brasilien, den USA oder Ghana investiert. Da Fussball eine der beliebtesten Sportarten überhaupt ist, wäre der Erfolg für Red Bull, falls eine dieser Mannschaften an Bekanntheit zunehmen würde, enorm.

Virales Marketing

Eine optimal funktionierende virale Marketingkampagne kann man sehr gut am Produkte Launch von Red Bull erkennen. Nachdem Mateschitz nach einigen Experimenten mit der Rezeptur und der Zusammensetzung des Energy Drinks 1984 die Red Bull GmbH in Österreich gegründet hatte, fielen die ersten Testversuche schlecht aus. Damals eine Werbekampagne zu starten, wäre zu riskant gewesen. Also musste ein Weg gefunden werden, um den Produkte Launch ohne jegliche öffentliche Werbung bei der Zielgruppe erfolgreich zu überstehen. Um dies zu erreichen, wandte sich Red Bull vor allem an die Studentenszene und gelangte durch organisierte Partys in das Bewusstsein der Studenten. Durch die leistungssteigernde Wirkung und gesundheitliche Unbedenklichkeit gegenüber illegalen Aufputschmitteln, wie Ecstasy oder Speed, gewann Red Bull sehr schnell an Bekanntheit. Schon nach kurzer Zeit konnte Red Bull somit seine Reichweite nach Ungarn und Slowenien ausweiten. Innert Kürze entwickelte sich Red Bull zur Untergrundmarke, was die Bekanntheit bei vorwiegend jungen Konsumenten förderte. Ein wesentlicher Beschleuniger der Verbreitung waren die vielen Gerüchte über die Herkunft und die Zusammensetzung des Energy Drinks. Einer der grössten Diskussionspunkte war der Inhaltsstoff Taurin. Es kam das Gerücht auf, dass Taurin aus den Hoden von Bullen gewonnen würde. Diese Behauptung wurde durch die Schwierigkeiten der Zulassung in Österreich und das Verbot in Frankreich und Dänemark stark gefördert. Zu Beginn des Launches setzte Red Bull nicht auf möglichst breite Aufklärung und detaillierte Produktewerbung, sondern liess die Konsumenten den neuen Softdrink selber entdecken. Red Bull blieb durch die Gerüchte im Gespräch und wurde immer bekannter. Dies, noch bevor Red Bull überhaupt den ganzen europäischen Markt erreichte.

Diese Gerüchte sind ein ausgezeichnetes Beispiel für ein perfektes virales Marketing. Durch den Austausch der Konsumenten gewann Red Bull ohne grosse Kosten immer mehr an Bekanntheit. Der Ruf Red Bulls eilte schon in viele Länder voraus, sodass nach dem Launch gar keine Massnahmen mehr nötig waren, um das Produkt bekannt zu machen. Nach dem grossen Erfolg in Deutschland wollte sich Red Bull vom Image des Partygetränks abwenden und zu einem Sport-Image wechseln. Parallel zur Produkteeinführung in Grossbritannien setzte Red Bull auf ein anderes Marketingkonzept. Um auch älteres Publikum zu erreichen, erfand Red Bull den Werbeslogan „Red Bull verleiht Flügel". Trotz des Sponsorings vieler Athleten in vielen verschiedenen Extremsportarten kam Red Bull nicht mehr ganz vom Image des Partydrinks weg. Durch die Gründung der Red Bull Music Academy wurde dieses Partydrink-Image von Red Bull intensiv unterstützt. Mit der Einführung von Red Bull in den USA wurde deutlich, wie verkaufsfördernd dieses Party-Image war, jedoch zog dies auch die Aufmerksamkeit staatlicher Kontrollstellen auf sich. Das führte dazu, dass sämtliche Energy Drinks in den USA und Irland verboten wurden, was jedoch den Erfolg in den USA nicht senkte, da das Produkt durch das Verbot für die jugendlichen Zielgruppen noch attraktiver wurde. Dies zeigt, wie unkontrollierbar virales Marketing sein kann.

Die Bedeutung von sozialen Netzwerken nahm in der Vergangenheit sehr stark zu. Netzwerke wurden zu Werkzeugen von Werbekampagnen. Ein schönes Beispiel für die zunehmende Bedeutung der sozialen Netzwerke ist das von Red Bull organisierte „Red Bull Stash". Dieses Event war eine in den USA von Red Bull organisierte Schatzsuche. In den ganzen USA waren dafür Dosen des neuen Getränks „Red Bull Energy Shot" versteckt worden. Um diese zu finden, postete Red Bull Hinweise auf die Verstecke auf Facebook. Diese Hinweise waren nötig, um die versteckten Dosen zu finden und am Ende der Schatzsuche einen Preis zu gewinnen. Red Bull verkaufte diese Schatzsuche jedoch nicht als Werbe-Gag, sondern als Dankeschön an die Fans.

Red Bull ist für Extremsportarten bekannt. Sehr bekannt wurde der Red Bull Stratos Event. Dabei ging es darum, als Mensch im freien Fall die Schallmauer zu durchbrechen und somit einen Weltrekord zu erreichen. Felix Baumgartner, der österreichische Extremsportler, wagte den Sprung und stellte den Weltrekord auf. Dieser Rekordversuch wirbelte sehr viel Aufsehen auf, da ein solcher Sportler schon eher als lebensmüde angesehen wurde. Nach dem Gelingen der Aktion waren jedoch alle von diesem Rekord begeistert und Red Bull stand in engem Zusammenhang mit dem Rekordversuch. Mit einem Budget von ca. 50 Millionen Euro machte sich dieses Projekt bezahlt. Nach Schätzungen waren die Berichterstattungen in den ersten drei darauffolgenden Tagen etwa 6 Milliarden Euro wert, was selbst das Marketingbudget von Red Bull überschritten hätte.[46] Diese Aktion

---

[46] DOK 19.03.2014 SRF

war eine geniale Verbindung zwischen Sponsoring und viralem Marketing. Die ganze Welt diskutierte darüber und informierte sich gegenseitig – ein weiterer Erfolg für das Image von Red Bull!

2.6 Umfrage

An der Umfrage beteiligten sich 152 Teilnehmer. Der grösste Teil der Befragten war im Alter zwischen 13 und 26 Jahren. 55 Prozent waren weiblich und 45 Prozent männlich.

44 Prozent der Befragten trinken gar keine Energy-Drinks, 42 Prozent trinken 1-4 mal monatlich einen Energy Drink und die restlichen 14 Prozent trinken mehr als 4 mal pro Monat einen Energy Drink.

Von den 56 Prozent, die Energy Drinks trinken, haben knapp drei Viertel am liebsten Red Bull, knapp ein Viertel oK.- und der Rest am liebsten Energy Drinks anderer Hersteller, wie zum Beispiel Montag oder Trojka.

Der Hauptgrund für die Wahl des beliebtesten Energy Drinks ist bei mehr als 75 Prozent der gute Geschmack. Der Preis der verschiedenen Produkte scheint nicht sehr ausschlaggebend zu sein.

20 Prozent der Energy-Drink-Konsumenten erwarten vom Konsum eines Energy Drinks gar keine Wirkung. Die restlichen 80 Prozent erwarten entweder körperliche oder geistige Leistungssteigerung oder trinken den Energy Drink nur für den Genuss. Bei fast vier Fünftel der Befragten erfüllt der Energy Drink ihre Erwartungen.

Der Ort des Konsums ist sehr verschieden. Während der grösste Teil der Teilnehmer Energy Drinks nur unterwegs oder im Ausgang konsumiert, nimmt der kleinere Teil Energy Drinks auch in der Schule oder zuhause zu sich.

Die häufigsten Assoziationen zu Red Bull sind nach wie vor der bekannte Werbeslogan „Red Bull verleiht Flügel" sowie Events, vorwiegend im Sport- und Extremsportbereich. Die Kulturevents scheinen in der Befragungsgruppe eher weniger bekannt. Dies hängt jedoch vom Alter der Teilnehmer ab.

Umfrage Energydrinks

Q7 Woran denkst du wenn Du Red Bull hörst? (mehrere Antworten möglich)

Beantwortet: 137   Übersprungen: 15

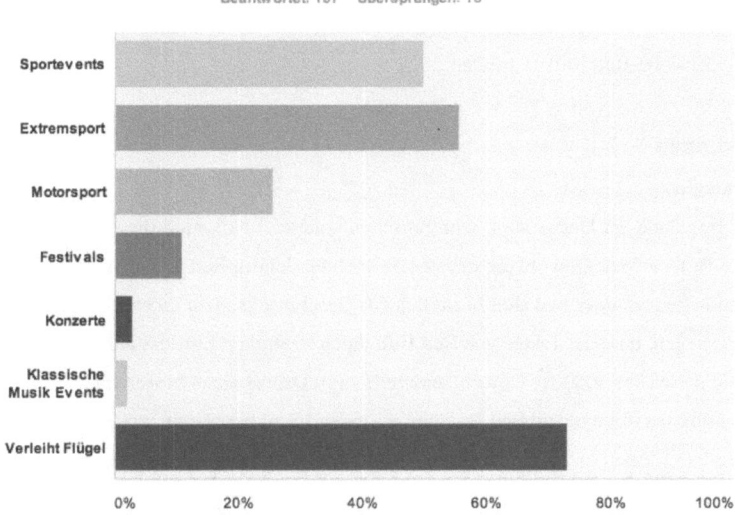

Abbildung 3: Auszug aus der Umfrage

Interessanterweise waren nur etwa 30 Prozent der Befragten schon an einem von Red Bull gesponserten Event. Entsprechend erinnern sich nur etwa 35 Prozent an solch ein Event. Am häufigsten werden Extremsportevents, wie Freestyle.ch, X-Row oder Flugshows genannt. Im Kulturbereich wird das etwas klassischere Event „Flying Bach" erstaunlich oft genannt.

Das populärste Event von Red Bull ist definitiv der Stratos Sprung von Felix Baumgartner im Jahr 2012.

Gut die Hälfte der Befragten denkt, dass nicht nur Red Bull solche Events sponsert, sondern auch andere Energy-Drink-Hersteller.

Die Befragten erfuhren von Red Bull in den aktuellen Medien, wie TV, Internet oder durch soziale Netzwerke. Erstaunlicherweise wird Red Bull auch auf älteren Werbeformen, wie auf Plakaten, wahrgenommen.

Energy Drinks scheinen vor allem von jüngeren Leuten konsumiert zu werden.

2.7 Degustation

Bei der Degustation wurden 5 verschiedene Energy Drinks in Bechern angeboten. Die Teilnehmer mussten die verschiedenen Energy Drinks blind probieren, sie nach dem Geschmack bewerten und angeben, welchen Energy Drink sie normalerweise konsumieren. Die 5 verschiedenen Energy Drinks waren Red Bull, Trojka, Montag, oK.- und Koks. Bei der Degustation stellte sich heraus, dass die meisten Teilnehmer Montag und oK.- den anderen Energy Drinks vorziehen, obwohl sie vorab angaben, normalerweise Red Bull zu trinken.

2.8 Schlussfolgerungen

2.8.1 Marketingstrategie

Wie man bei der Umfrage und der Degustation sehr gut sehen konnte, funktioniert die Marketingstrategie von Red Bull perfekt. Obwohl die meisten Teilnehmer häufig Red Bull trinken, stellte sich bei der Degustation heraus, dass Red Bull bezüglich des Geschmacks nicht an erster Stelle steht. Somit kann man sagen, dass das Image von Red Bull einen so starken Einfluss auf die Konsumenten hat, dass sie dieses bevorzugen. Obwohl andere Energy Drinks einen besseren Geschmack aufweisen, kommen diese nie an Red Bull heran. Da Red Bull bereits ein so starkes Image besitzt, wäre es für andere Firmen mit riesigen Kosten verbunden, ein ähnlich gutes Image aufzubauen. Red Bull ist so stark im Markt verankert, dass für den Kaufentscheid der Konsumenten Preis und Geschmack eine nebensächliche Rolle spielen.

2.8.2 Aussichten[47]

Es scheint nicht so, als würde in nächster Zeit ein anderer Energy-Drink-Hersteller Red Bull von seiner Führungsposition ablösen. Es gibt andere grosse Marken, wie Monster oder Rockstar, welche jedoch vor allem in den USA an Bekanntheit gewannen. Auch in Europa gibt es immer mehr kleinere Energy-Drink-Hersteller, wovon aber die meisten nur national Getränke verkaufen. Red Bull sollte sich dennoch nicht auf dem Erfolg ausruhen. Das Unternehmen muss weiterhin neue Events veranstalten, um den Konsumenten immer wieder Neues bieten zu können. Red Bull ist weiterhin aktiv und erfolgreich im Sponsoring und Marketing tätig und wird somit auch in Zukunft Energy-Drink-Hersteller Nummer eins bleiben.

---

[47] Buchholz 2005, S.8

2.8.3 Persönliche Meinung

Heutzutage ist Werbung ein Bestandteil unseres Alltags. Meist sind es sogar versteckte Werbebotschaften, welche uns am stärksten beeinflussen. Doch mit ein bisschen Aufmerksamkeit sollte man diese finden können und versuchen, nicht auf die Tricks der Firmen hereinzufallen. Ich weiss, dass es nicht immer einfach ist, solche Werbung zu erkennen und selbst ich falle teilweise noch darauf hinein, obwohl ich mich für geraume Zeit damit auseinandergesetzt habe. Es gibt Werbung im Fernsehen, die sich in unseren Köpfen verankert, auch wenn wir dies gar nicht wollen. Dies wird unter anderem mit Musik oder Slogans erreicht. Für mich persönlich habe ich gelernt, die viralen Marketing-Kampagnen zu erkennen und mein Umfeld auf diese Kampagnen aufmerksam zu machen.

3 Kritischer Rückblick

Mit meiner Maturaarbeit wollte ich untersuchen, worin sich Red Bull von anderen Energy-Drink-Herstellern unterscheidet. Das Resultat ist eindeutig: Red Bull hat eine geniale Marketingstrategie. Eine grosse Herausforderung am Anfang der Arbeit war es, genügend Fachliteratur zu Red Bulls spezifischer Art von Marketing zu finden. Die Fachliteratur, welche ich verwendete, war sehr aktuell. Da Marketingstrategien mit der Zeit bekannt werden, besteht die Herausforderung darin, immer wieder neue Wege zu finden, eine Werbebotschaft erfolgreich und unauffällig zu verbreiten. Meine Arbeit zeigt aktuelle Strategien auf, es ist aber zu erwarten, dass neue Strategien auf den Markt kommen werden. Während der Arbeit stiess ich immer wieder auf neue Themenbereiche, welche in die Arbeit gepasst hätten. Ein gutes Beispiel wären etwa die negativen Seiten des Sponsorings und des viralen Marketings. Da diese nicht zum Fokus meiner Arbeit gehörten und vom Thema weggeführt hätten, verzichtete ich darauf, auf diese einzugehen.

Mein Fazit ist, dass nicht die Qualität eines Produktes alleine eine Firma zum Erfolg führt, sondern die Art des Marketings, also wie man dieses Produkt vermarktet und präsentiert. Virales Marketing kann ein sehr erfolgreiches Werkzeug sein, jedoch ist diese Art des Marketings nicht steuerbar und man kann deshalb, sobald ein Anstoss gesetzt wurde, nur noch hoffen, dass sich das Marketing in die richtige Richtung entwickelt. Dies hat bei Red Bull sehr gut funktioniert und man kann ihren Erfolg darauf zurückführen. Für mich persönlich ist das Resultat ziemlich zufriedenstellend. Ich erfuhr genau das, was ich erfahren wollte und wie ich es von Anfang an geahnt hatte.

4 Zusammenfassung

Wo liegt der Unterschied zwischen Red Bull und anderen Energy-Drink-Herstellern? Um das herauszufinden, analysierte ich, wie Red Bull das virale Marketing anwendet. Während der Arbeit wurde klar, wie Red Bull seine Werbung platziert, sodass sie unbemerkt seine Konsumenten beeinflussen kann. Dabei wurde mir bewusst, dass Red Bull bereits ein so grosses Energy-Drink-Imperium aufgebaut hat, dass neue Energy-Drink-Marken so gut wie keine Chancen haben, zu echten Konkurrenten zu werden.

5 Anhang

5.1 Literaturverzeichnis

Braun, Karl; Huefnagels, Dirk; Müller-Schwemer, Thomas; Sorg, Gabriele (2006): Marketing- und Vertriebspower durch Sponsoring. Springer Verlag.

Buchholz, Sabine (2005): When a brand gets wings. GRIN

Espenhahn, Cornelia (2010): Virales Marketing – Wirkungsstrategien zwischen sozialen Netzwerken und einzelnem Konsument. VDM Verlag Dr. Müller.

Gladwell, Malcom (2002): Der Tipping Point – Wie kleine Dinge grosse bewirken können. Wilhelm Goldman Verlag.

Haller, Philip (2010): Macht der Marke – Virales Marketing verleiht Red Bull Flügel. GRIN.

Klinger, Michaela (2012): Virales Marketing – Die Macht der sozialen Netzwerke. AV Akademikerverlag.

Rayport, Jeffrey (1996): The Virus of Marketing in Fast Company. Gruner + Jahr USA Publishing.

Rosen, Emanuel (2000): Net-Geflüster – Kreatives Netzwerk-Marketing. Econ Ullstein List Verlag.

Zorbach, Thomas (2001): Vorsicht, ansteckend. Gottlieb Duttweiler Institut.

5.2 Internetquellen

DIWISA Distillerie Willisau SA. (kein Datum). *Erfahrung aus fast 100 Jahren Brennkunst.*
http://diwisa.ch/company/geschichte.html
Letzter Zugriff: 02.04.2014: 15.26 Uhr

Energy-Drink Club 2000. (kein Datum). *Coffein, Methyltheobromin, Thein.*
http://www.energydrinks.cc/content.php?lg=de&site=8&stoff=1
Letzter Zugriff: 05.04.2014: 15.53 Uhr

Energy-Drink Club 2000. (kein Datum). *Taurin.*
http://www.energydrinks.cc/content.php?lg=de&site=8&stoff=8
Letzter Zugriff: 05.04.2014: 15.55 Uhr

Eugster, Marco; Grossmann, Stefan; Reist, David; Wachter, Matthias. (kein Datum). *Marketing Arbeit über Red Bull – DAS PRODUKT, GESCHICHTE, Distributionspolitik.*
http://www.schreiben10.com/referate/noi/Marketing/marketing-arbeit-ber612819819.php
Letzter Zugriff: 02.04.2014: 14.41 Uhr

intelligentfood. (kein Datum). *ÜBER UNS.*
http://www.intelligentfood.com/uber-uns/
Letzter Zugriff: 02.04.2014: 15.43 Uhr

Kyriasoglou, Christina. (31.08.2012). *Ein Bulle hebt ab.*
http://www.zeit.de/2012/36/Wolfgang-Fuerweger-Red-Bull-Story
Letzter Zugriff: 02.04.2014: 14.57 Uhr

Migros-Genossenschafts-Bund. (2014). *Migros-Geschichte.*
http://www.migros.ch/de/ueber-die-migros/geschichte/geschichte-slider.html
Letzter Zugriff: 02.04.2014: 16.07 Uhr

Red Bull GmbH. (kein Datum). *RED BULL – DAS UNTERNEHMEN.*
http://energydrink-de.redbull.com/unternehmen
Letzter Zugriff: 02.04.2014: 14.49 Uhr

Red Bull GmbH. (kein Datum). *RED BULL ENERGY DRINK INHALTSSTOFFE.*
http://energydrink-de.redbull.com/red-bull-inhaltsstoffe
Letzter Zugriff: 05.04.2014: 14.44 Uhr

Valora Holding AG. (2014). *VALORA IST EIN WIRTSCHAFTLICH STARKES, EUROPAWEIT AGIERENDES UND UNABHÄNGIGES HANDELSUNTERNEHMEN.*
http://www.valora.com/de/valoragroup/companyhistory/index.php
Letzter Zugriff: 02.04.2014: 15.31 Uhr

Vitamine.com. (kein Datum). *Vitamin B3.*
http://vitamine.com/vitamin-b3.php
Letzter Zugriff: 05.04.2014: 14.58 Uhr

Vitamine.com (kein Datum). *Vitamin B5.*
http://vitamine.com/vitamin-b5.php
Letzter Zugriff: 05.04.2014: 15.00 Uhr

Vitamine.com. (kein Datum). *Vitamin B6.*
http://vitamine.com/vitamin-b6.php
Letzter Zugriff: 05.04.2014: 15.02 Uhr

Vitamine.com. (kein Datum). *Vitamin B12.*
http://vitamine.com/vitamin-b12.php
Letzter Zugriff: 05.04.2014: 15.03 Uhr

Wikipedia. (08.01.2014). *Coop (Schweiz).*
http://de.wikipedia.org/wiki/Coop_(Schweiz)
Letzter Zugriff: 19.01.2014: 14.50 Uhr

Wikipedia. (29.11.2013). *Glucose.*
http://de.wikipedia.org/wiki/Glucose
Letzter Zugriff: 19.01.2014: 15.17 Uhr

Wikipedia. (13.11.2013). *Saccharose.*
http://de.wikipedia.org/wiki/Saccharose
Letzter Zugriff: 19.01.2014: 15.10 Uhr

5.3 Abbildungsverzeichnis

Abb. 1: Statista. (2014). *Umsatz von Red Bull weltweit in den Jahren 2000 bis 2012 (in Millionen Euro).*
http://de.statista.com/statistik/daten/studie/257243/umfrage/umsatz-von-red-bull/
Letzter Zugriff: 02.04.2014: 15.05 Uhr

Abb. 2: Statista. (2014). *Anzahl der verkauften Dosen von Red Bull weltweit in den Jahren 2004 bis 2012 (in Milliarden).*
http://de.statista.com/statistik/daten/studie/257250/umfrage/anzahl-verkaufter-dosen-von-red-bull/
Letzter Zugriff: 02.04.2014: 15.09 Uhr

5.4 Filmquellen

SRF, DOK vom 19.03.2014: Die dunkle Seite von RED BULL, Helmar Büchel.